OBSERVATIONS

DE Me ISAMBERT,

AVOCAT,

DANS SA CAUSE.

> La police *administrative* n'est chargée que
> d'*administrer* les voies publiques; la police
> judiciaire a seule droit sur les personnes.

PARIS,

IMPRIMERIE DE H. BALZAC,

RUE DES MARAIS S.-G., N° 17.

MARS 1827.

OBSERVATIONS

DE Me ISAMBERT, AVOCAT,

DANS SA CAUSE.

Pour celui qui a fait de l'étude des lois l'occupation de toute sa vie, dont les efforts de tous les jours ne tendent qu'à en assurer le triomphe, qui a fondé sur ce triomphe l'espoir de tous ses succès et les espérances de son avenir, il n'est pas de position plus pénible que de se voir accusé d'avoir provoqué les citoyens non-seulement à leur désobéir, mais même à recourir à la violence pour se soustraire à leur exécution.

Ce qui rend cette position plus humiliante encore, c'est que cette accusation ait été accueillie par la justice.

Sans doute les trois juges qui ont déterminé la condamnation étaient accessibles à l'erreur ; sans doute cette erreur qui prend sa source dans les difficultés de la question de droit est facile à expliquer. Si l'une des questions de droit qui se rattachent à la cause paraissait d'une solution facile, l'autre se présentait pour la première fois, et, jusqu'au moment où le jugement a été prononcé, on ignorait encore, ou l'on pouvait se demander quelles étaient les moyens de solution.

Mais indépendamment des difficultés de droit, que

des lumières supérieures pouvaient peut-être seules dé-
cider, n'y avait-il pas dans la cause une raison détermi-
nante d'acquittement ?

N'était-il pas évident pour tous que ma bonne foi
était entière, que si j'avais établi une doctrine erronée,
ce n'avait été qu'une erreur de jugement? Le barreau de
Paris tout entier a daigné me rendre cette justice, et
on ne croira pas qu'une lâche complaisance lui ait dicté
cette opinion.

Si j'ai le bonheur de compter dans son sein beaucoup
d'amis, j'y ai aussi des émules et des rivaux; j'y ai des
supérieurs surtout, qui dans leurs jugemens savent allier
la sévérité avec les égards dus à la confraternité.

S'ils avaient reconnu dans l'article incriminé une intention criminelle, un véritable délit, ils m'auraient condamné les premiers; ou du moins ils auraient gardé le
silence sur la poursuite, et je n'aurais pas paru devant
les premiers juges entouré des témoignages écrits de leur
conviction; je ne paraîtrais pas aujourd'hui devant les
magistrats supérieurs, appuyé d'un nouvel assentiment
plus réfléchi à la doctrine que j'ai professée, et corro-
boré de l'autorité des représentâns de tout le barreau de
France (1).

Si je me suis trompé, on conviendra peut-être qu'on
est excusable d'errer en aussi bonne compagnie.

Cependant ce n'est pas seulement sur un assentiment
aussi général, et aussi honorable pour moi, que je fonde

____

(1) Voyez les Consultations des barreaux de Rouen, de Bourges, de
Metz, de Limoges, d'Orléans, de Nîmes, d'Agen, d'Aix et de Marseille,
de Perpignan, de Rochefort, de Brest; les adhésions de Caen, de Nan-
cy, etc. (chaque jour on en reçoit de nouvelles, 23 février).

l'espoir d'un meilleur sort en appel ; c'est de l'évidence et
de l'importance des principes, que ces jurisconsultes in-
vestis de la confiance des magistrats et de tous les citoyens,,
ont professés, plus encore que de leur nombre , que ma
cause emprunte toute sa force.

Les premiers juges ont commis deux erreurs graves ;
ils se sont trompés d'abord sur un point fondamental , en
décidant que le droit d'arrestation sur les citoyens domiciliés appartenait, hors les cas de flagrant délit, à d'autres qu'aux magistrats , à des agens sans caractère légal ;
et cette erreur est de telle nature qu'elle ne saurait sub-
sister sans danger pour l'ordre social, après la discussion
étendue à laquelle on s'est livré.

La seconde erreur n'est pas moins alarmante ; on a
voulu introduire dans le jugement des délits de la presse
une théorie nouvelle, c'est de faire abstraction du sens
attaché par l'auteur à ses paroles, et de le condamner aux
peines établies par la loi, non pour ce qu'il a dit, mais pour
ce que des lecteurs prévenus ou subjugués par des pré-
jugés ont vu dans l'ouvrage incriminé.

Je m'explique : dans l'opinion des premiers juges, on
n'a dû examiner qu'une chose, si la doctrine que j'avais
professée était vraie ou fausse ; et comme on n'a pas cru
pouvoir l'admettre sans danger , on en a conclu que j'é-
tais coupable, parce que, dit-on, dans les délits de la
presse ce n'est pas l'intention, le sens de l'article qu'il faut
rechercher, mais le résultat produit.

L'auteur, dit-on, a pu n'avoir pas d'intention coupable ;
son intention a pu même être honorable, c'est-à-dire, qu'il
n'a pas cru provoquer à la révolte ni à la désobéissance
aux lois ; mais si les faits qu'il a conseillés constituaient

une rébellion ou une désobéissance à la loi, l'écrit serait malfaisant, par suite il serait coupable, et l'auteur devrait être puni.

C'est-à-dire, en d'autres termes, l'auteur devrait être condamné quoiqu'il fût innocent.

J'ai la conviction que les choses se sont passées ainsi, c'est à cette manière de raisonner qu'est dû le jugement du 25 décembre.

On a voulu transporter, dans le jugement des délits de la presse, une doctrine qui n'est vraie que pour les contraventions matérielles aux règlemens qui régissent la police de la presse.

On a oublié le principe établi par les lois de 1819, que les délits de la presse ne sont que des délits d'intention.

Si l'on craint qu'une méprise sur les intentions de l'auteur, ou une erreur dans sa doctrine ne soit nuisible à la société, les motifs de l'acquittement ne seraient-ils pas aussi efficaces que la condamnation elle-même ?

Si je présente ma défense sous cet aspect, c'est que je ne puis souscrire à l'idée que personne soit en droit de me considérer comme *coupable*, pour avoir publié une doctrine que tout le monde n'avoue pas, si personne n'ose en entreprendre la réfutation.

Je repousse de toutes mes forces la culpabilité morale qui s'attache à toute condamnation émanée de la justice.

Cette idée m'a tellement affligé; je me suis senti dans ma conscience tellement l'ami et le défenseur de ces lois, qu'on m'accusait d'avoir outragées, que je n'ai pu résister au besoin de faire de suite une protestation en interjetant mon appel.

Une démarche aussi prompte n'est point l'effet de

l'amour-propre blessé, ou d'un sentiment hostile envers mes juges. Mon cœur est inaccessible aux sentimens haineux; mais leur erreur était de nature à ne pas permettre l'hésitation.

Si j'ai à regretter que les expressions, avec lesquelles j'ai exposé la doctrine que le tribunal a censurée, ne soient pas à la hauteur du sujet, si cette doctrine n'a pas été développée comme son importance et les points délicats auxquels elle se rattache, l'exigeaient, je ne suis pas moins demeuré convaincu qu'elle est la seule vraie, la seule que les magistrats puissent accueillir et consacrer pour la garantie des citoyens.

Je ne l'abandonnerai, que quand on m'aura démontré mon erreur; non par esprit d'orgueil, je suis accoutumé à céder à la raison lorsque, comme il arrive souvent aux audiences de la Cour suprême, elle me paraît sanctionnée par la loi; mais parce qu'on ne doit pas abandonner une vérité qui nous paraît démontrée, par cela seul qu'elle est attaquée ou compromise.

On m'a insinué que je devais me désister de mon appel, que l'absence de toute peine corporelle, et la légèreté de l'amende, étaient un indice que les premiers juges eux-mêmes m'avaient trouvé excusable.

S'ils ont été indulgens pour la personne, ils ont été cruels pour le jurisconsulte, et infidèles aux principes qui me paraissent devoir être ceux de la magistrature, et c'en était assez pour persévérer dans cet appel.

Je sais bien que les principes, quand ils sont vrais, ne périssent pas, parce qu'ils auront été condamnés par un tribunal de première instance; mais il y aurait peu de sincérité à moi à les abandonner ainsi au moment où par mon fait, je les ai placés dans ce péril; et, d'un autre côté, est-il donc indifférent pour un jurisconsulte, qui tous les jours est appelé à parler au nom des lois, à prouver qu'il ne leur a pas été infidèle, qu'il n'en a jamais voulu méconnaître la force ni l'autorité?

Serais-je digne de l'indulgence que les magistrats, près desquels j'ai l'honneur d'exercer mon ministère, veulent bien me témoigner, si j'acceptais la qualification de *coupable* qui résulte du jugement du 23 décembre?

Je ne puis vouloir de l'indulgence des premiers juges aux dépens de mon honneur et de la vérité.

Quand j'ai écrit pour la *Gazette des Tribunaux*, j'ai répondu selon ma conscience et mes faibles lumières aux nécessités du moment, aux pressantes sollicitations d'une foule de citoyens alarmés par les procédés des agens de la police : ce n'est pas l'amour de la célébrité qui m'a dicté un article écrit sans prétention, mais le seul désir d'être utile; loin d'attaquer les doctrines sociales dont la négation ébranle les états, j'ai rendu hommage à la sagesse des lois, et aux magistrats leurs organes; j'ai respecté les attributions de l'autorité administrative dans les limites qui lui sont données par la loi.

Qui donc m'empêcherait de me présenter aujourd'hui avec confiance devant les magistrats supérieurs? Serait-ce parce qu'en détachant une phrase de tout l'article, l'accusation prétend que j'ai fait un appel à la souveraineté du peuple?

Je n'en ai pas fait d'autre, que la loi elle-même qui rend tous les citoyens juges et parties dans les cas du flagrant délit. *Pour être libre, il ne faut que le vouloir :* si ces mots étaient isolés, une interprétation malveillante pourrait les considérer comme un appel à l'insurrection ; mais je ne les emploie qu'après avoir dit en commençant aux citoyens que la loi suffit pour les protéger, et qu'ils n'ont qu'à la connaître ; je ne les répète à la fin qu'après avoir indiqué les moyens de faire respecter la loi ; et tous ces moyens sont pacifiques. La conclusion ne peut pas être séparée des prémisses.

Si l'on tient à ma profession de foi, je ne suis pas embarrassé de la faire ; je crois à la souveraineté de la justice, et nullement à la souveraineté du plus fort ; c'est pour cela que je veux que les citoyens cherchent leur refuge dans les lois, parce que ces lois sont pour nous l'expression de la justice. Telle est ma pensée d'un bout à l'autre de l'article. Je gourmande les citoyens, et jamais la loi ; aussi pour m'attaquer, on est obligé de se jeter hors du cercle légal, d'invoquer le salut public, loi suprême de la conservation des sociétés, prétexte toujours allégué pour renverser les libertés légitimes ; on est obligé de chercher dans un pouvoir qu'on a cru indéfini, dans les secrets de la police administrative, une exception aux principes que j'ai puisés dans le Code d'instruction criminelle, auquel l'art. 4 de la Charte s'est évidemment référé pour les garanties de la liberté individuelle.

Je me rappelle un temps où les mots, *il sera pris contre les contrevenans telle mesure de police administrative qu'il appartiendra*, inspiraient plus de terreur, que les lois pénales les plus fortes. Mais depuis que les prisons d'état n'existent plus, depuis que la liberté légale a repris son empire parmi nous, je devais supposer que ces expressions ne pouvaient plus inspirer de frayeur qu'aux enfans et aux ignorans.

La police administrative n'est point une puissance mystérieuse comme le conseil secret de Venise. Elle a ses règles, ses limites , comme tous les autres pouvoirs de la société.

Ces pouvoirs sont définis dans une loi générale qui est connue de tous les jurisconsultes et de tous les magistrats, et dont l'application est journellement faite par les tribunaux.

Vous qui prétendez que, hors la police judiciaire, il y a une police *préventive*, qui a droit sur nos personnes, sur quel texte vous appuyez-vous pour nous obliger à reconnaître un tel pouvoir?

Il nous faut un texte législatif, clair et non équivoque; car la Charte a dit : *La liberté individuelle est garantie, personne ne pouvant être poursuivi ni arrêté que dans les cas prévus par la loi et dans la forme qu'elle prescrit.*

Vous n'ignorez pas que, quand on a voulu donner au pouvoir administratif le droit d'arrêter sans emprunter le secours des magistrats, il a fallu des lois positives; (voyez celles des 12 février 1817 et 26 mars 1820;) que ces lois exceptionnelles étaient temporaires, et qu'elles sont abolies.

Par une loi antérieure du 29 octobre 1815, ce n'était pas aux ministres du roi qu'était confié ce pouvoir exorbitant, mais à tous ceux qui, d'après la loi, avaient le pouvoir de délivrer des mandats d'arrêt. Mais il n'était confié qu'à eux; l'article 2 en contient la disposition formelle (1).

Qui eût osé soutenir alors que des agens de la police

---

(1) « Les mandats à décerner contre les individus prévenus d'un des crimes mentionnés à l'article précédent, ne pourront l'être que par les fonctionnaires à qui les lois confèrent ce pouvoir. Il en sera par eux rendu compte dans les vingt-quatre heures au préfet du département, et par celui-ci au ministre de la police générale. »

administrative, officiers de paix et autres, que de simples gendarmes avaient le droit d'ordonner une arrestation
de leur chef?

L'art. 3 prouve cette impossibilité, puisqu'il veut que
le mandat ne soit décerné qu'après une prévention dé-
clarée.

« Dans le cas, porte cet article, où les motifs de prévention ne seraient pas assez graves pour déterminer
l'accusation, le prévenu pourra provisoirement être ren-
voyé sous la surveillance de la haute police. »

Si de ces lois d'exception nous passons à la loi générale institutive de la police administrative, telle qu'elle
existe parmi nous, qui voyons-nous?

Dans celle du 14 décembre 1789, art. 50. « que les
» fonctions propres au pouvoir municipal sous la surveil-
» lance et l'inspection des assemblées *administratives*,
» sont... de faire jouir les habitans des avantages d'une
» bonne police, notamment de la propreté, de la salubrité
» et de la tranquillité dans les rues, lieux et édifices pu-
» blics. »

Dans celle du 24 août 1790, titre XII, article 3 et
suivans :

« Que les objets confiés à la vigilance et à l'autorité des
» corps municipaux sont :

» 1°. Tout ce qui intéresse la sûreté et la commodité
» du passage dans les rues, quais, places, voies publi-
» ques; ce qui comprend, etc.

» 2°. Le soin de réprimer et de punir les délits
» contre la tranquillité publique, tels que les rixes et
» disputes accompagnées d'ameutemens dans les rues, le
» tumulte excité dans les lieux d'assemblée publique, les

» bruits et attroupemens nocturnes qui troublent le repos
» des citoyens. »

Ce qui n'entraîne nullement le droit d'arrestation envers
un citoyen domicilié, qui n'est pas en flagrant délit.

« 3°. Le maintien du bon ordre dans les endroits où
» il se fait de grands rassemblemens d'hommes, tels que
» les foires, marchés, réjouissances et cérémonies publi-
» ques, spectacles, jeux, cafés, églises et autres lieux
» publics. »

Ce qui donne au magistrat de police le droit de com-
mander dans tous les lieux publics, et de faire exécuter par
l'appui de la force publique ses commandemens ; mais
non celui de procéder à l'arrestation envers les citoyens
qui ne font pas de résistance, et qui ne sont pas en flagrant délit.

« 4°. L'inspection sur la fidélité du débit des den-
» rées, etc.

» 5°. Le soin de prévenir, par des précautions convena-
» bles, et celui de faire cesser par la distribution des
» secours nécessaires les accidens et fléaux calamiteux,
» tels que les incendies, les épidémies, les épizooties,
» en provoquant aussi, dans ces deux derniers cas, l'au-
» torité des administrations de département et de dis-
» trict.

» 6°. Le soin d'obvier ou de remédier aux événemens
» fâcheux qui pourraient être occasionés par les insensés
» et les furieux, laissés en liberté, et par la divagation
» des animaux malfaisans et féroces. »

Il n'y a pas un mot de plus, et il ne pouvait y avoir
davantage, dans l'arrêté du Gouvernement du 12 mes-
sidor an VIII, qui applique à la ville de Paris les dispo-

sitions de cette loi générale , et qui concentre dans le préfet de police tous les pouvoirs délégués aux maires dans les autres communes du royaume.

Ce fonctionnaire, dit M. le président Henrion de Pansey, *(Du Pouvoir municipal, pag. 164,) aurait pu sortir du cercle de ses attributions* et en négliger quelques-unes ; on y pourvut par ce décret.

Au titre de la *Liberté et de la Sûreté de la voie publique*, l'arrêté des consuls le charge d'empêcher que personne n'y commette des dégradations, de faire éclairer, balayer, sabler, d'empêcher qu'on n'y laisse vaguer des furieux, des insensés , des animaux malfaisans ou dangereux ; que l'on ne blesse les citoyens par la marche trop rapide des chevaux , des voitures, qu'on obstrue la libre circulation. Il lui confie la police de la Bourse , parce que c'est un lieu public. Au titre de la *Surveillance des places et lieux publics,* il place sous sa juridiction les marchands forains , colporteurs , revendeurs , portefaix , commissionnaires ; les mariniers , ouvriers , allumeurs, chargeurs, déchargeurs, tireurs de bois , pêcheurs et blanchisseurs, les porteurs d'eau , les cochers , postillons , charretiers , brouetteurs, porteurs de chaises, porte-fallots ; les fripiers, brocanteurs, prêteurs sur gages, les nourrices et meneurs.

Parce que tous ils vivent d'une industrie qui s'exerce sur la voie publique ou dans les lieux publics ; mais aucune juridiction ne lui est donnée sur les citoyens domiciliés.

L'arrêté le charge d'empêcher qu'on altère ou dégrade les monumens et édifices publics appartenant à l'État ou à la cité ; il met sous sa juridiction tous les lieux publics. L'arrêté du 3 brumaire an ix étend ses attributions hors

de l'enceinte de Paris , quant à la répression de la men-
dicité et du vagabondage , quant à la surveillance des maisons publiques , la répression des attroupemens , la recherche des militaires et marins déserteurs et des pri-
sonniers de guerre.

Ces énumérations prouvent qu'on a eu l'intention de
soustraire à sa juridiction, et à celle de ses agens, les personnes domiciliées.

Quant aux articles qu'on m'a d'abord opposés et que
l'accusation a abandonnés , il m'est facile d'y répondre.

Les art. 35 et 36 mettent sous son ordre divers agens ,
commissaires de police, officiers de paix et autres , la
garde nationale et la gendarmerie.

Je reconnais à cette autorité le droit de requérir et
d'employer la force armée et les officiers indiqués , à main-
tenir l'ordre dans les lieux publics, pourvu qu'on n'y voie
pas le droit d'arrêter les citoyens domiciliés qui passent
dans la rue , hors le cas de flagrant délit.

L'art. 37 porte que les commissaires de police auront
le droit de décerner des mandats d'amener, et d'exercer
la police judiciaire.

Mais il les soumet dans l'exercice de ce pouvoir au Code
criminel d'alors (la loi du 3 brumaire an IV); comme ce
Code a été remplacé par celui décrété en 1808 , on est
d'accord que les commissaires de police , comme officiers
de police judiciaire sont régis par ce Code , et qu'ils
n'ont plus le droit de lancer aucun mandat , si ce n'est
au cas de flagrant délit.

Mais on prétend que les officiers de paix sont restés en
dehors du Code d'instruction criminelle , parce qu'ils
appartiennent à la police administrative; c'est ce que nous
examinerons tout à l'heure.

L'art. 38 dit que le préfet de police et ses *agens* pourront *faire* saisir et traduire aux tribunaux de police correctionnelle, les personnes prévenues de délits du ressort de ces tribunaux.

Il est évident qu'ils n'ont plus aujourd'hui le droit de saisir directement les tribunaux, puisque le Code de 1808 ne confère ce droit qu'aux procureurs du Roi, et qu'elle oblige même souvent ceux-ci à provoquer une instruction; le Préfet et ses agens n'ont que le droit de provoquer l'action de la police judiciaire.

Il ne reste donc plus à expliquer que l'art. 39, qui leur confère le droit de *faire* saisir, et remettre aux officiers chargés de l'administration de la justice criminelle, les individus qu'ils ont arrêtés ou fait arrêter.

Mais cet art. 39 limite ce cas au flagrant délit, et comme le Code de 1808 a donné une nouvelle définition du délit qui est flagrant, ou de celui qui est dénoncé par la clameur publique, c'est par les dispositions de ce Code, que le préfet de police et ses agens qui ont connu leurs devoirs se sont dirigés depuis 1808.

Non-seulement ils ont le droit d'arrestation lors du flagrant délit, comme j'ai reconnu moi-même, mais ils sont tenus de l'exercer sous peine de perdre leur emploi, tandis que pour les citoyens ce ne'st qu'un devoir moral.

Il existe encore, dans l'arrêté de l'an VIII, un art. 44 qui donne au préfet de police le droit de régler, sous l'autorité du ministre de l'intérieur, son supérieur, le nombre et le traitement des employés de ses bureaux et de ceux des agens sous ses ordres, qui ne sont pas institués, et dont le nombre n'est pas déterminé par les *lois*.

Mais par cela même qu'ils ne sont pas institués par la

loi, ils n'ont aucun caractère public; ce sont des employés, des subalternes; personne ne conteste au préfet de police le droit d'en créer dans les limites de son budget.

Personne ne peut trouver mauvais qu'il dispose des officiers de paix, pourvu qu'il ne prétende pas leur conférer sur les citoyens des droits qu'il n'a pas lui-même, et que les officiers de police judiciaire n'ont jamais eu hors les cas de flagrant délit.

Peut-être conviendra-t-on que l'arrêté de l'an VIII est expliqué d'une manière plausible, et en harmonie parfaite avec le Code de 1808.

Mais on dira peut-être que le Code criminel ne s'occupe que de la police judiciaire, et que la police administrative a une existence séparée.

Nous ne la lui contestons pas, si, comme son titre l'indique, on ne lui reconnaît pas d'autre pouvoir que celui *d'administrer* les lieux publics, si on lui refuse toute action sur les personnes domiciliées.

Le Code du 3 brumaire an IV avait des dispositions sur la police administrative; il portait que cette police a pour objet le maintien habituel de l'ordre public dans chaque lieu et dans chaque partie de l'administration générale; qu'elle tend principalement à prévenir les délits : en cela le Code ne disait rien de plus que la loi du 24 août 1790; que si on veut lui donner plus d'extension; que si l'on veut, par une exception bizarre et unique, donner à une branche de l'*administration*, un pouvoir sur les personnes ou sur les propriétés qui n'appartient qu'aux tribunaux, il est du devoir de tout bon citoyen de combattre une doctrine aussi dangereuse, subversive du grand principe de la séparation des pouvoirs, qui ferait entrer la police ou l'administration dans la justice, qui pourrait enlever les citoyens à leurs familles et à leurs affaires, sauf aux tribunaux à les remettre en liberté.

Ce système serait le renversement de toutes nos lois; il est condamné par le Code d'instruction criminelle qui a créé une police judiciaire précisément à l'effet d'empêcher cette confusion d'idées si préjudiciable au bon ordre de la justice, et aux garanties dues aux citoyens.

On a retranché à dessein de ce Code tout ce qui était relatif à la police administrative, parce qu'on a pensé que cette police devait être entièrement étrangère aux personnes.

En effet, la première partie du Code d'instruction a été soumise à la discussion du Conseil d'état, le 21 fructidor an XII, dans une séance présidée par l'archi-Chancelier de l'Empire; M. Siméon, aujourd'hui pair de France, en était rapporteur.

Le chapitre premier, contenant les art. 7, 8, 9 et 10, est mis en discussion.

«Art 7. La police est administrative ou judiciaire.

8. » La police administrative a pour objet le maintien
» habituel de l'ordre public dans chaque lieu et dans
» chaque partie de l'administration générale. Elle tend
» principalement à prévenir les délits; les lois qui la con-
» cernent font partie du Code des administrations civiles.

9. » La police judiciaire recherche les délits et les con
» traventions que la police administrative n'a pas pu em
» pêcher de commettre, en rassemble les preuves en
» livre les auteurs aux tribunaux chargés de les punir.

10. » La police judiciaire sera exercée suivant les dis-
» tinctions qui vont être établies :

» Par les maires et adjoints de maires, par les com-
» missaires de police, par les gardes champêtres, par les
» gardes forestiers, par les magistrats de sûreté, par les
» juges de paix, par les officiers de gendarmerie, par le
» préfet de police de Paris, et les commissaires généraux
» de police, et par les juges d'instruction. »

L'archi-Chancelier dit : que la distinction établie par
l'art. 7 entre la police administrative et la police judiciaire,
distinction au surplus très-moderne, a tout-à-la fois des
avantages et des inconvéniens ; autrefois la police n'était
que judiciaire ; quand le gouvernement la chargeait de
quelque mission extraordinaire (sans doute les lettres
de cachet), les actes qu'elle faisait alors étaient
exhorbitans du droit commun, mais ils n'en étaient pas
moins réputés judiciaires, et, comme tels, ils pouvaient
être repoussés par les tribunaux ; aujourd'hui on ne voit
pas toujours avec évidence devant quelle autorité le recours contre les actes de la police doit être porté.

Ne serait-il pas préférable de revenir à l'ancien ordre de
choses ?... de rattacher aux tribunaux tous ceux qui ont des
fonctions de police, afin de donner sur eux, au procureur
impérial, une autorité que le préfet ne puisse balancer.

» M. *Siméon*, dit, qu'on n'a conservé dans le projet la
distinction établie dans l'art. 7, que parce qu'elle se trou-
vait dans le code du 3 brumaire an IV. Qu'au surplus,
ni la commission, ni la section n'ont eu l'intention de
soustraire les agens de l'autorité administrative, lorsqu'ils
exercent des fonctions de police judiciaire, à la surveillance et au pouvoir des procureurs impériaux. Cependant
l'opinion de M. l'archi-Chancelier est préférable au système de l'an IV.

» M. Oudart propose de supprimer les art. 7 et 8 , et de commencer le chapitre par l'art. 9; il confirme au surplus ce qu'a dit M. *Siméon*, sur l'intention des rédacteurs.

Une discussion s'engage sur les droits de la haute police existant alors.... M. *Defermon* a dit, qu'on se trouverait arrêté à chaque pas par des difficultés, si l'on continuait à distinguer la police administrative de la police judiciaire.

Les art. 7 et 8 sont supprimés.

Il est évident que dans cette discussion on considéra le droit d'arrestation comme du ressort exclusif de la police judiciaire, et non de la police administrative; le système de la loi de brumaire an iv, fut donc rejeté, en ce qu'il pouvait donner lieu à l'opinion contraire.

On a donc entendu refuser tout pouvoir sur les personnes, à ceux des agens de police *administrative*, qui ne se trouvent pas compris dans la longue nomenclature de l'art. 9, et par conséquent aux officiers de paix, dont il n'a plus été question.

Un noble pair auquel nous avons soumis la difficulté que fait naître la loi spéciale relative aux officiers de paix, et que l'on soutient être restée en pleine vigueur, malgré les grands changemens introduits par la législation de 1808, quoique le préfet de police de Paris, et les commissaires de police, aient été compris dans la nomenclature des officiers de paix, nous a fait l'honneur de nous répondre le 7 février. » Vous me demandez si les officiers » de paix, furent omis volontairement dans l'art. 9, et dans » l'art. 18. Il me semble que tout ce qui n'est pas énoncé » dans une loi, est hors de la volonté du législateur, sur-

» tout en matière de compétence ou de pouvoir. La
» compétence ou les pouvoirs doivent être spécialement
» donnés; quiconque ne les trouve pas dans la loi, ne les
» a pas; et quand on les aurait supposés dans l'usage,
» l'usage ne donne pas droit en cette matière. L'incom-
» pétence ou le défaut de pouvoir ne se couvre pas. »

Les magistrats ne perdront pas de vue, que reconnaître aujourd'hui aux officiers de paix ou aux agens de la police administrative, le droit d'arrêter de leur chef sur la voie publique les citoyens domiciliés, serait leur attribuer un droit que le préfet de police lui-même et tous les officiers de police judiciaire ne sauraient exercer.

Et qu'on ne dise pas, qu'il s'agit d'une simple main mise ou capture, qui ne dure que quelques heures; elle se prolongera de droit souvent pendant la nuit, si la loi de 1791 est encore en vigueur, ce qui serait excessivement dangereux. Il est d'ailleurs certain que les officiers de paix n'ont pas le droit de dresser des procès verbaux (1) ; ils ne peuvent que rendre témoignage, lorsqu'ils sont mandés par la justice.

Au reste, toute difficulté disparaît, si, comme M. Bourguignon nous paraît l'avoir démontré dans sa consultation sur appel, à laquelle ont adhéré les jurisconsultes les plus renommés par leurs connaissances dans le droit criminel, ces officiers n'ont jamais eu le droit d'arrestation que dans le cas de flagrant délit.

J'ai excepté ce cas dans mon article; c'est un point de fait désormais irrécusable.

---

(1) Arrêt de la Cour de cassation, au rep. ; v° contrefaçon : Alletz, Dict. de Police moderne ; v° officiers de paix.

Quant aux gendarmes, l'accusation est si mal fondée à cet égard; il est si étrange de voir une provocation à la désobéissance aux lois, dans un conseil de résistance passive, dans une invitation à rendre plainte devant les magistrats; il est si évident qu'il n'existe aucun texte de loi qui ait donné aux gendarmes le droit d'arrêter personne de *leur chef*, que le jugement ne peut manquer d'être reformé sur ce point.

Je laisse à mes défenseurs, le soin de compléter une défense qu'ils ont si bien commencée :

Si je suis entré dans quelque discussion à ce sujet, c'est qu'il m'a paru qu'on pourrait ne pas bien saisir à l'audience, l'enchaînement des principes et des textes, qui séparent la police administrative de la police judiciaire, et que déjà j'ai été victime de l'erreur où les premiers juges étaient tombés sur ce point.

Il m'importait de déjouer cette accusation, et de provoquer, à cet égard, les méditations des magistrats.

Cette cause n'est pas la mienne; elle est celle de tous les citoyens;

Ce n'est pas, comme on a essayé de le persuader, une question de parti, mais de liberté légale; pour s'en convaincre il suffit de lire les lettres qui m'ont été adressées et auxquelles j'ai répondu par mon article;

La liberté individuelle est le droit de tous, et non le privilège de quelques-uns; en défendant les droits des citoyens domiciliés, c'est la cause de toutes les opinions que j'ai défendue.

J'ai à regretter, sans doute, de ne l'avoir pas fait avec assez de précision : mais si on est en droit de m'adresser quelques reproches sur la rédaction, qu'on daigne ne-

pas perdre de vue, qu'on ne voulait pas d'une dissertation, mais d'un conseil simple, applicable aux cas qui se
présentent tous les jours.

Si l'on me reproche de n'être pas entré dans le dé-
veloppement des cas d'exception, je répondrai que ce
n'était pas de mon sujet; je n'étais pas consulté sur des
cas spéciaux; je ne faisais pas un livre; je ne faisais
pas une dissertation sur la police administrative, sur les
attributions exceptionnelles de la gendarmerie, sur le
régime des maisons publiques, ou sur l'état de ceux
dont l'industrie s'exerce sur la voie publique et qui
n'ont, pour ainsi dire, pas d'autre domicile.

On me consultait dans l'intérêt des citoyens domiciliés, c'est à eux que j'ai répondu; j'ai répondu, le Code
à la main, par des conseils simples et d'un usage facile :
le reproche qu'on me fait retombe sur le Code, car il
n'a, pas plus que moi, prévu les cas spéciaux qu'on m'a
objectés depuis.

Pouvais-je aussi prévoir que, dans une discussion si
simple et si générale, le ministère public, lié lui-même,
par l'ordonnance qui a saisi la juridiction correctionnelle,
irait se jeter dans une question toute spéciale, et que,
pour me donner des torts, on irait exhumer contre moi
des ordonnances secrètes.

Serais-je donc le seul pour lequel les dispositions de la
loi de 1819, qui oblige la partie publique à articuler les
provocations et autres manquemens, à raison desquels la
poursuite est intentée, ne seraient pas une sauve-garde
contre l'abus qu'on en a fait?

Même sur ce terrain, on m'a combattu par des armes
secrètes; on n'a rien répondu à mes défenseurs, et après

que les débats étaient clos, on a fait délibérer le tribunal sur des documens qui me sont restés inconnus; on a visé une ordonnance royale qui n'était pas insérée au Bulletin des Lois; et c'est par elle qu'on a voulu détruire le témoignage authentique que l'Almanach Royal et la notoriété publique établissaient en ma faveur, sur la non-existence légale des officiers de paix.

J'ai peut-être le premier dénoncé à la France l'existence de cette législation occulte qui n'a pas même l'authenticité de l'existence de ses actes par l'enregistrement dans des Cours incorruptibles, comme l'étaient les parlemens; mais qui restent ensevelis dans les cartons ministériels, où l'on peut faire subir aux minutes tous les changemens que l'on veut, et intercaler des dispositions nouvelles, sans recourir à la signature du monarque. J'ai depuis la Restauration recueilli un assez grand nombre de ces ordonnances; j'en ai publié une, du 7 juin 1814, dans laquelle notre Charte est qualifiée du titre d'ordonnance, au lieu de loi fondamentale; une ordonnance du 5 octobre 1814, institutive des petits séminaires, où sont aujourd'hui reçus les jésuites : j'en ai publié sur des matières assez importantes pour nous faire craindre le renouvellement de l'exemple de ce fameux Décret impérial qui a clandestinement fermé la liquidation de la dette publique; j'ai signalé une ordonnance sur le Théâtre-Français, qui est contresignée, non par un ministre, mais par un premier gentilhomme de la chambre.

En signalant l'existence de cette législation, je ne m'attendais guère que j'en serais un jour la victime.

On a poussé la dérision jusqu'à dire que je devais connaître l'ordonnance du 25 février 1822, relative au rétablissement des officiers de paix, par cela seul que j'ai publié quelques-uns des actes aujourd'hui innombrables dont elle se compose : comme si les archives des ministères avaient jamais été mis à ma disposition !

On a cherché aussi à nuire au succès de ma cause en supposant calomnieusement que j'étais entré dans la chambre du conseil, pour reprocher aux premiers juges, la sentence qu'ils avaient rendue contre moi ; tandis que je ne m'y suis présenté, que pour réclamer la communication des documens secrets qu'on a cités dans ce jugement.

On a répandu encore parmi les magistrats que je m'étais livré, dans un journal, à des personalités contre un des magistrats de la Cour suprême, rapporteur de la loi sur la police de la presse, et on a cherché ainsi à me placer parmi ces calomniateurs anonymes contre lesquels le législateur parait-vouloir déployer toute sa sévérité.

J'ignore si le magistrat dont il s'agit a eu en effet à se plaindre de personalités ; mais quelles qu'elles soient, je n'en suis pas l'auteur ; je n'ai pas coutume de me cacher sous le voile de l'anonyme, et le procès qui m'est suscité en est la preuve.

N'est-il pas en effet remarquable que le ministère public poursuive, avec tant de rigueur, un homme qu'il ne peut accuser, tout au plus, que d'avoir professé une doctrine qu'il ne partage pas, et de l'avoir accréditée par sa signature, quand, d'un autre côté, les ministres reprochent si amèrement aux hommes de lettres, employés à la rédaction des journaux, de se cacher derrière un éditeur responsable.

Mon exemple est-il si encourageant ? Si quelqu'un écrit

sous le voile de l'anonyme, sur les grands intérêts de la société, on le dénonce comme un vil pamphletaire.

S'il a le courage de se nommer, comme je l'ai fait, la poursuite en devient d'autant plus vive, que l'écrivain est placé dans une situation sociale plus élevée. Je ne suis pas le seul exemple qu'on puisse citer. Puissé-je ne pas devenir le plus malheureux ?

Il est des hommes qui en subissant une épreuve judiciaire, n'ont à craindre, du moins, que les peines établies par la loi, et qui peuvent compter sur l'indulgence des magistrats, alors même qu'ils seraient coupables.

Il en est d'autres que l'on fait poursuivre, fût-on convaincu de leur innocence. Il suffit qu'on se croie en droit de leur reprocher une erreur, ou que l'on se croie assez fort pour faire passer comme tel, ce qu'ils ont écrit; alors, on ne demande pas à la justice qu'elle se montre trop sévère. Le minimum de la peine suffit, parce qu'il est d'autres peines plus rigoureuses que l'on se réserve de leur appliquer par voie administrative.

C'est la spoliation et la ruine qu'on leur prépare; plus la justice aura été indulgente à leur égard, plus on se croira en droit d'être sévère, alors même que par la nature de la condamnation, l'honneur moral ne serait point entaché.

Par là, on trouve l'occasion de satisfaire à des ressentimens dès long-temps réchauffés.

Législateurs de notre temps, pensez-y bien; prenez des mesures efficaces pour que chacun devienne responsable de ses œuvres; mais n'allez pas au-delà; que cette responsabilité ne dépasse jamais la nécessité de la répression :

Souvenez-vous de cette maxime éternelle de justice si souvent oubliée de nos jours : *Non bis in idem.*

On croit aussi jeter quelque défaveur sur un prévenu, en s'écriant, qu'il écrit dans les journaux, comme si des pairs de France, des députés, des académiciens, des magistrats, les hommes les plus distingués de notre époque, n'avaient pas payé volontiers à leur pays le tribut de leurs lumières par la voie des journaux, depuis qu'ils sont devenus libres.

Quant à moi, je l'avoue, je me suis quelquefois laissé entraîner à leur exemple ; dans des articles presque toujours signés, je me suis élevé contre l'abus des conflits ; j'ai revendiqué pour les Cours royales le jugement des appels, comme d'abus, qui leur est déféré par un décret législatif de 1813, que je ne crois pas abrogé. J'ai pensé et j'ai dit que l'institution des juges-auditeurs contrariait le principe de l'inamovibilité des magistrats ; à l'occasion de la révocation de M. l'avocat-général Fréteau de Peny, j'ai soutenu contre divers journaux ministériels, que le ministère public devait chercher la règle de ses réquisitions, non dans l'opinion des ministres révocables, mais dans la loi elle-même. S'ils ont été sans succès, je puis en citer un du moins qui a eu le bonheur d'être utile à l'humanité. N'est-ce pas à une dissertation insérée dans la *Gazette des Tribunaux,* que l'on doit en partie le changement de jurisprudence qui s'est opéré au sein des Conseils de guerre, sur l'application de la loi du 12 mai 1793, qui punissait de six ans de galères le vol simple, puni, par le Code pénal, d'une peine de trois mois de prison, et qui faisait violence à la conscience des juges, en ne leur permettant pas de diminuer la peine.

A l'époque où' cet article a paru , M. le Ministre de la guerre ne m'a pas fait poursuivre comme ayant provoqué désobéissance à la loi de 1795 , qui n'était pas comme à la la loi institutive des officiers de paix abrogée de fait depuis vingt ans.

Quel mal l'article qu'on a incriminé a-t-il produit à la société ? je pourrai même dire quel bien n'a t-il pas fait en appelant l'attention des esprits sur une question qui intéresse à un si haut degré la liberté individuelle.

Le ministère public a lui-même avoué qu'il lui devait la connaissance de ce qu'étaient les officiers de paix et les agens de la police administrative , en ce qui concerne la sûreté des personnes; son opinion actuelle ne diffère peut-être pas beaucoup de la mienne sur ce point; les premiers juges , eux mêmes , ont déjà mis les agens subalternes de la police hors de cause.

Les gendarmes, en tant qu'agens d'exécution , ont un pouvoir que personne ne leur conteste; et quant à celui d'ordonner de leur chef des arrestations , il ne paraît pas possible de le soutenir.

Quant aux officiers de paix , quelque soit l'opinion qu'on se forme sur leurs attributions anciennes , on est forcé d'avouer que de fait ils ne sont pas organisés conformément à la loi de leur institution.

Voilà le bien qu'aura produit mon article. Il n'a fait de mal qu'à moi, en m'arrachant aux études et aux occupations de mon cabinet, aux secours que quelquefois j'ai pu donner aux malheureux, en troublant le repos de ma famille, en occupant de moi l'attention publique, au point de m'attirer une foule d'ennemis, et en exaltant des ressentimens que l'exercice de mon ministère m'oblige souvent à braver, et qui auraient fini par se calmer.

N'a-t-on pas poussé la cruauté jusqu'à trouver dans les débats de ce procès un sujet de reproches, comme s'il s'agissait pour moi d'un triomphe, comme si c'était moi qui avais dicté la poursuite, et comme s'il m'était interdit, quand je suis accusé dans mon honneur, de me défendre.

On a osé qualifier mon appel, de spéculation, comme si les moyens qu'on a employés pour me faire condamner ne m'en faisaient pas un devoir? La précipitation que d'autres m'accusent d'avoir mis à déclarer cet appel, est le démenti le plus formel donné à la malveillance.

On nous accuse souvent, mes collègues et moi, de fournir un aliment à la malignité publique; nous étouffons les trois quarts des affaires, en indiquant les moyens d'obtenir sans bruit satisfaction (1).

Nous n'avons recours à la publicité, que quand les

____

(1) Pour ne parler que de ce qui me regarde ; qui avait entendu parler, avant ce procès, d'un refus verbal de passeport d'abord fait au fils du general Berton, au moment où il prenait la poste pour se procurer l'acte de naissance d'un juré qui devait sauver son père, refus verbal, levé par ordre du ministre de l'intérieur ? Qui avait entendu parler de l'affaire des réfugiés piémontais, le comte de Santa Rosa, Musquetti, Calvetti, Badariotti, détenus à la salle Saint-Martin en vertu d'un ordre administratif délivré après des arrêts de la Cour royale qui ordonnaient leur mise en liberté? Qui avait entendu parler d'étudians en médecine, russes de naissance, réclamés comme serfs par un seigneur russe pour être envoyés en Sibérie, maintenus en France dans la jouissance de leur liberté native, à la charge d'indemniser leur seigneur, au moyen d'une ordonnance du Roi qui les autorise à résider en France ? (Ordonnance du 31 mars 1825. Chamarin, esclave du comte *Demidoff*.)

obstacles qui s'opposent au triomphe de la justice sont au-dessus de nos forces; et dans ce cas ce n'est pas seulement un droit que nous exerçons, c'est un devoir sacré que nous remplissons. Nous serions coupables envers les infortunés qui ont placé en nous l'espoir de leur salut, si nous négligions une arme que la loi elle-même nous a donnée. Car la publicité a été établie surtout en faveur des victimes de l'oppression.

Pour moi telle a été la règle de conduite que je me suis tracé en toute circonstance. Je n'ai usé de la publicité qu'autant que je l'ai crue nécessaire au succès de la défense; et l'expérience m'a souvent appris que je ne m'étais pas trompé dans mes espérances (1).

Si je n'avais consulté que mes intérêts particuliers, j'aurais gardé le silence, ou du moins je me serais enveloppé de mystère, afin d'échapper aux inimitiés qu'une lutte ouverte contre des hommes en crédit ne manque jamais de soulever.

Peut-être même en ce point n'ai-je pas assez consulté ce qu'exigeait le soin de ma sécurité personnelle. J'ai cru que j'étais suffisamment garanti contre ces inimitiés; et qu'en invoquant toujours la loi et son autorité, j'étais à l'abri de toute poursuite, même pour les erreurs que

---

(1) Les premières publications, dans l'affaire de la Martinique, n'ont paru qu'au moment où la nouvelle de l'embarquement des hommes de couleur pour le Sénégal me fut envoyée de Rochefort, quand une dépêche télégraphique pouvait empêcher le vaisseau de mettre à la voile; depuis deux mois j'agissais auprès du ministère de la marine pour obtenir leur mise en liberté. Il n'a rien été publié pour la négresse Lambert que plus de quatre mois après des démarches sans succès. Il en a été ainsi dans toutes les autres circonstances.

je pourrais involontairement commettre.

Telle était ma sécurité lorsque je rédigeai l'article incriminé : j'étais loin de m'imaginer que l'on prendrait
feu pour les agens de la police, au moment où la magistrature leur adressait de si fréquentes mercuriales.

J'ai cru concourir à son action, en indiquant aux citoyens ce qu'il y avait à faire pour éviter une arrestation
toujours bien fâcheuse, et pour n'avoir pas à s'attaquer
à des hommes insolvables. J'ai basé ce conseil sur la loi,
sur le Code d'instruction lui-même. Il est constant que
je n'ai rien dit qui ne soit entièrement conforme à la
lettre et à l'esprit de cette loi. Pouvais-je prévoir que
l'on trouverait ce Code insuffisant, et que l'on irait chercher ailleurs des armes pour m'attaquer ?

Au reste ma cause est dans les mains de magistrats
consciencieux et indépendans. Ils examineront d'un côté,
dans l'intérêt de la société et de tous les citoyens, si je
me suis trompé dans les garanties que j'ai assignées aux
seuls domiciliés; et d'un autre côté, dans l'intérêt de
tous les prévenus en matière de délits de la presse, si un
écrit destiné à rappeler les citoyens à l'exécution des lois
est condamnable lui et son auteur, comme ayant excité
à y désobéir en les interprétant à mal, ou en ne le faisant
pas d'une manière complète pour des cas imprévus.

Quoi qu'il arrive, ma conscience est sans reproche;
jamais on ne me convaincra d'avoir *sciemment* provoqué
à désobéir à des lois qui pour moi sont l'objet d'un culte
journalier.

Paris, ce 24 février 1827.

ISAMBERT.

MOYENS D'APPEL

Pour *ISAMBERT*, Avocat,

CONTRE le jugement de la 6ᵉ Chambre de police correctionnelle de Paris, du 23 décembre.

En ce qui concerne la provocation à désobéir aux gendarmes :

Attendu, en droit, que si la gendarmerie agissant *collectivement* a, sans mandat du juge, droit d'arrestation, dans certains cas spécifiés en l'article 179 de l'ordonnance de la gendarmerie du 29 octobre 1820, ce n'est, d'après l'article 297, qu'en cas de flagrant délit; que cette ordonnance et le Code d'instruction criminelle ont d'ailleurs abrogé la loi du 28 germinal an 6;

Attendu qu'aucune loi n'a conféré aux gendarmes, agissant *isolément*, le droit d'arrestation sur la personne des citoyens domiciliés; que, d'après l'article 97 du Code d'instruction criminelle, les gendarmes ne peuvent être que les exécuteurs des ordonnances et mandats de justice;

Attendu, en fait, que dans l'article incriminé, Isambert n'a contesté le droit d'arrestation sans mandat qu'aux gendarmes isolés; que d'ailleurs il n'a conseillé que la résistance passive ou la plainte, c'est-à-dire l'appel aux magistrats; que la plainte n'étant pas un délit, provoquer à rendre plainte, n'est pas provoquer à la désobéissance aux lois.

En ce qui concerne les officiers de paix et les agens de la police administrative :

Attendu, en droit, que la police administrative n'ayant aucune juridiction sur les citoyens domiciliés, ses agens n'ont pas droit d'arrestation de leur chef; que même, d'après l'art. 97 du Code d'instruction criminelle, ils ne sont pas chargés de l'exécution des ordres et mandats de justice; que leur juridiction n'a lieu que sur ceux qui vivent sur la voie publique ou dans les lieux publics, et nullement sur les personnes domiciliées.

En ce qui concerne les officiers de paix :

Attendu qu'ils n'ont pas été par le Code d'instruction cri-

minelle classés parmi les officiers de police judiciaire; que
dès lors ils ont perdu le droit d'arrestation qui leur était conféré par la loi de leur institution; qu'ils ne l'ont d'ailleurs
jamais eu que pour le cas de flagrant délit; qu'ils ne peuvent
donc exercer ce droit que dans ce cas comme les autres citoyens;

Attendu que les officiers de paix actuels ne prêtent pas de
serment en justice, conformément à la loi du 21 nivose an 8
(11 janvier 1801); qu'ils ont perdu leurs insignes; qu'ils
ne prononcent plus la formule légale; que leurs noms ne
figurent plus, depuis 1823, au rang des fonctionnaires publics dans l'Almanach royal;

Attendu qu'Isambert a donc pu, dans l'article incriminé,
ranger les soi-disant officiers de paix parmi les agens de surveillance auxquels il est permis de résister, quand ils arrê-
tent, sans mandat, les personnes domiciliées;

Attendu d'ailleurs que par l'ordonnance de renvoi de la
chambre du conseil, qui a saisi la juridiction correctionnelle, Isambert n'était pas prévenu d'avoir provoqué à la
désobéissance aux lois des 29 septembre 1791 et 23 floréal
an 4, qui définissent les pouvoirs des anciens officiers de
paix;

Attendu qu'on n'a pu, sans violer le droit de la défense
et le principe de la publicité des débats en matière criminelle, lui opposer des documens qui ne lui ont pas été com-
muniqués, ni à ses défenseurs, avant la clôture des débats,
prononcée le 16 décembre;

Par ces motifs, plaise à la Cour infirmer le jugement dont
est appel, et décharger Isambert de la condamnation portée
contre lui.

Attendu aussi que la publication de l'article incriminé et
des interrogatoires ne constitue ni crime, ni délit, ni contra-
vention; que le ministère public n'a pris aucunes conclusions
à cet égard; que cette publication n'est que l'exercice du
droit de la défense légitime;

Dire qu'il n'y a lieu a donner acte des réserves faites à ce
sujet. Production originale de l'exploit signifié le 30 décembre au greffier de la chambre correctionnelle.

Signé ISAMBERT ET DURAND, *Avoué*.